田島毓堂著

修証義口語訳

死に向き合う私の心得

目次

はじめに

お経というとちんぷんかんぷんで分からない物の代表のように言われます。たしかに、いわゆる陀羅尼《だらに》は聞いて分かる物ではありません。インドの言葉を中国語に翻訳せず、その音に似せて漢字で綴った物ですから、漢字を見て意味を取ろうとしても分かりようがありません。そのお経の元の言葉、インドのサンスクリットかパーリ語かに通じている人ならば、何となく分かるかも知れません。しかし、普通の人には分かりません。中国語に翻訳されたお経や中国で出来た物ならば漢字の字面を丁寧に見れば意味は取れるでしょう。しかし、それを音で読まれたらやはり分からないでしょう。

ところが、日本語で綴られたお経、道元禅師の言葉から編成された「修証義《しゅしょうぎ》」は多少今の言葉とは違いますが、れっきとした日本語です。親鸞聖人や蓮如上人の言葉も日常いわゆるお経として読まれております。こういうお経ならば子細に丁寧に読んだり聞いたりすれば、丸で分からないということはないはずです。と言っても、やはり古典日本語は現代日本人には十分には分かりません。私は、お通夜の時などに、「後で法話をなさいますか」と聞かれることがよくあります。そういうとき、私は、これから読む「修証義」が正に法話そのものですし、また、葬儀の折のいわゆる「引導法語」が私の法話ですから、「今はしません」と答えます。いわゆる引導法語、これは正式には「秉炬《ひんこ》法語」と言いますが、私は、大抵のお坊さんが難しい漢文訓読調の法語をなさるのに対して、口語で、本当に分かりやすく、諄々《じゅんじゅん》と説き聞かすようにいたします。私は漢文訓読調の格調高い法語を作るのは苦手だからであります。

それはさておき、「修証義」は道元禅師の『正法眼蔵《しょうぼうげんぞう》』から修証に適した、語句・文章を摘出して編成したものです。その最初は、大内青巒《おおうちせいらん》居士を中心とした曹洞宗扶宗会が在家用に編成した「洞上在家修證義」です。それに若干の手を加えて、当時の永平寺・総持寺の貫首であられた滝谷《たきや》琢宗《たくしゅう》禅師、畔上楳仙《あぜがみばいせん》禅師が編集し直されたものです。明治二十三年に公刊されております。修証義編集について詳しいことは此処では割愛いたします。

このようにして出来た「修証義」は純粋な日本語でありますが、今となっては、古典日本語、このままでは分かる人には分かっても、大半の方々には所々は分かる程度の物になってしまいました。故事を踏まえたところもありますし、道元禅師特有の言葉遣いもあります。やはり、現代日本語にしなければ中々分かっては頂けないと思います。

今までにもいろいろ口語訳を試みた物があります。ただ、参考にしたいところは、大抵ぼかされております。宗学の大家の文章もあります。色々な夾雑物があって、私の不勉強なこともあって、今いちその語句自体がよく分からなかったりいたします。

今回は、出来るだけ、原文の語句に忠実に現代語に置き換えました。勿論、説明を加えたところもあり、いわゆる逐語訳ではありませんが、私なりに、難しいところもあり、中々臍落《ほぞお》ちしないところもありましたが、曲がりなりに、現代語に直して、皆様方に分かっていただけるものにしたつもりであります。まだまだ未熟な物であります。忌憚のないお教えをいただければ幸甚であります。

名古屋　桂芳院小住　田島毓堂九拝

第一章　総序《そうじょ》

【一】生《しょう》を明《あき》らめ死《し》を明《あき》らむるは仏家《ぶっけ》一《いち》大事《だいじ》の因縁《いんねん》なり、生死《しょうじ》の中《なか》に仏《ほとけ》あれば生《しょう》死《じ》なし、但《ただ》生死《しょうじ》即《すなわ》ち涅槃《ねはん》と心得《こころえ》て、生《しょう》死《じ》として厭《いと》うべきもなく、涅槃《ねはん》として欣《ねご》うべきもなし、是時《このとき》初《はじ》めて生死《しょうじ》を離《はな》るる分《ぶん》あり、唯《ただ》一大事因縁《いちだいじいんねん》と究尽《ぐうじん》すべし。

第一章　総序　（はじめに）

一、われわれ人間が、生きているとはどういうことか、死ぬとはどういうことか、ということを突き詰めて明らかにしていくということが、仏の道を行くもの、つまりまともな人として人生を生きていく上で、とても大事なことであります。その生まれ死ぬという中に、人としてまともに生きるという仏の道に出会ったのだから、生きる死ぬという問題は、人として真っ当な生き方、死に方をするだけのことなのであります。ただ、この生、この死自体を、人としてまともに生きること、悟りそのものとこころえ、それを生きるの死ぬのと面倒くさく嫌なものとして嫌うのでもなく、逆に、悟りなのだとして願い求めるものでもありません。人生を有りの侭《まま》のものとして受け入れるのであります。こう、心が決まったとき、初めて生死の縛りから離れることが出来るのです。そこで、この生死という大きな問題、因と縁としてを窮め尽くすべきなのであります。

【二】人身《にんしん》得《う》ること難《かた》し、仏法《ぶっぽう》値《お》うこと希《まれ》なり、今我等《いまわれら》宿善《しゅくぜん》の助《たす》くるに依《よ》りて、已《すで》に受《う》け難《がた》き人身《にんしん》を受《う》けたるのみに非《あら》ず、遇《あ》い難《がた》き仏法《ぶっぽう》に値《あ》い奉《たてまつ》れり、生死《しょうじ》の中《なか》の善生《ぜんしょう》、最勝《さいしょう》の生《しょう》なるべし、最勝《さいしょう》の善身《ぜんしん》

二、われわれ人間が人として生を得るということは、言われているように誠に難事なのであります。更に、人としてこの世に生まれても「仏法」に会えるということは考えてみれば分かるとおり、誠に希有《けう》なことなのです。ところが、今、私たちは過去から積み重ね

を徒《いたず》らにして露命《ろめい》を無常《むじょう》の風《かぜ》に任《まか》することと勿《なか》れ。

てきた善い行いのお陰で、もう、人としての身を享《う》けて生まれただけでなく、会うこと稀《まれ》な仏法にも忝《かたじけ》なくもお会いすることが出来ているのであります。これは、人の生死として考えれば、正にいい生に恵まれたのであり、この上ない最善の生だと言わなければなりません。この最善の生をまともに生かさず、いい加減な生涯を過ごし、露の如きもろい命を、無常の嵐に任せてはならないのです。

【三】無常憑《むじょうたの》み難《がた》し、知《し》らず露命《ろめい》いかなる道《みち》の草《くさ》にか落《お》ちん、身已《みすで》に私《わたくし》に非《あら》ず、命《いのち》は光陰《こういん》に移《うつ》されて暫《しばら》くも停《とど》め難《がた》し、紅顔《こうがん》いずくへか去《さ》りにし、尋《たず》ねんとするに

三、世間は無常と言われていますが、この無常は誠に儚《はかな》いもので、頼りにならないものなのです。露の如き儚い命が、道端のどの草に落ちてしまうか分かりません。この身は元々因縁によっ

蹤跡《しょうせき》なし、熟《つらつら》観《かん》ずる所《ところ》に往事《おうじ》の再《ふたた》び逢《お》うべからざる多《おお》し、無常《むじょう》忽《たちま》ちに到《いた》るときは国王《こくおう》大臣《だいじん》親昵《しんじつ》従僕《じゅうぼく》妻子《さいし》珍宝《ちんほう》たすくる無《な》し、唯独《ただひと》り黄泉《こうせん》に趣《おもむ》くのみなり、己《おの》れに随《したが》い行《ゆ》くは只是《ただこ》れ善悪業等《ぜんなくごうとう》のみなり。

て出来たもので、自分でどうなるものでもありません。今ある命も日月と共に移りゆき、瞬時も一箇所に留《とど》まっているものではありません。紅顔の少年は一体何処に行ってしまったのか、訪ねようにも跡形もないのです。よくよく考えれば過ぎ去った過去には再び会うことは出来ない事ばかりです。そして、忽《たちま》ちにして無常の時が迫ってきた時には、国王も大臣も親しい友も従者も妻子も、宝物が幾ら沢山あっても助けてくれることはありません。その時はただ一人であの世に旅立って行くのです。自分に随《したが》うものといえば、自分のなした善と悪の業だけなのです。自分の行った善悪の行為のみが何処までも付いてくるのです。

【四】今《いま》の世《よ》に因果《いんが》を知《し》らず、業報《ごっぽう》を明《あき》らめず、三世《さんぜ》を知《し》らず、善悪《ぜんなく》を弁《わき》まえざる邪見《じゃけん》の党侶《ともがら》には群《ぐん》すべからず、大凡因《おおよそいん》果《が》の道理《どうり》歴然《れきねん》として私《わたくし》なし、造悪《ぞうあく》の者《もの》は堕《お》ち、修善《しゅぜん》の者《もの》は陞《のぼ》る、毫釐《ごうり》も忒《たが》わざるなり、若《も》し因果《いんが》亡《ぼう》じて虚《むな》しからんが如《ごと》きは、諸仏《しょぶつ》の出世《しゅっせ》あるべからず、祖師《そし》の西《せい》来《らい》あるべからず。

四、そういう今の世で、因果の法則という事も知らずに、善因には善い報い、悪因には悪い報いのあることも知らないし、前世《ぜんせ》・今世《こんせ》・後世《ごせ》という三世のことも知らないし、善いこと悪いことを弁《わきま》え知らないような連中とは交わってはいけません。およそ、因果の法則というものは明白であって、決して私情でどうこうすることは出来ません。悪をなす者は悪道に堕ち、善を修め行う者は善道に上っていくということは、ほんの少しの狂いもありません。もし、因果の道理ということがなくて、それは虚しいことだというならば、諸仏が世に現れるということもないでしょうし、達磨祖師がわざわざ西の方の仏国土から東にやって来て仏法を伝えられ

【五】善悪《ぜんなく》の報《ほう》に三時《さんじ》あり、一者順現報受《ひとつにはじゅんげんほうじゅ》、二者順次生受《ふたつにはじゅんじしょうじゅ》、三者順後次受《みつにはじゅんごじじゅ》、これを三時《さんじ》という、仏祖《ぶっそ》の道《どう》を修習《しゅじゅう》するには、其最初《そのさいしょ》よりこの三時《さんじ》の業報《ごっぽう》の理《り》を効《なら》い験《あき》らむるなり、爾《しか》あらざれば多《おお》く錯《あやま》りて邪見《じゃけん》に堕《お》つるなり、但邪見《ただじゃけん》に堕《お》つるのみに非《あら》ず、悪道《あくどう》に堕《お》ちて長時《ちょうじ》の苦《く》を受《う》く。

ることも無かったでしょう。

五、善悪の果報を受けるには三時、つまり、三つの時があります。一つとしては、この世で蒔《ま》いた因《たね》をこの世で刈り取るというものです。二つ目にはこの世で蒔いた因《たね》を次の世で刈り取ること、三つ目には この世で蒔いた因《たね》を次の次の世で刈り取るというものです。これを三時と言います。仏祖が修めてこられたやり方を習い修めるには、初めからこの三時の業の報い方の理法を弁えてそれを実際にきちんと明らかにして行かなくてはなりません。もし、そうでないと、多くはあり方を間違えてしまって、間違った考え方に陥ってしまいます。それだけでなく、悪道に

【六】当《まさ》に知《し》るべし今生《こんじょう》の我身《わがみ》二《ふた》つ無《な》し、三《み》つ無《な》し、徒《いたず》らに邪見《じゃけん》に堕《お》ちて虚《むな》しく悪《あく》業《ごう》を感得《かんとく》せん、惜《お》しからざらめや、悪《あく》を造《つく》りながら悪《あく》に非《あら》ずと思《おも》い、悪《あく》の報《ほう》あるべからずと邪思惟《じゃしゆい》するに依《よ》りて悪《あく》の報《ほう》を感得《かんとく》せざるには非《あら》ず。

落ちて、長く苦難を受けることに成ってしまいます。

六、ですから、よくよく知っておかなければならないことは、今の世における我が身というものは決して二つも三つもありません。ただ一つだけです。それなのに残念にも間違った考えに落ち込んで虚しく悪い報いを受けてしまうということは、惜しいことではありませんか。それに、悪いことをしながら、それを悪いとも思わず、悪い報いなどあるはずがないと間違った考え方をしても、それは間違っているだけで、それによって悪い報いを受けないなどということはないと知らなければなりません。

第二章　懺悔滅罪《さんげめつざい》

【七】仏祖《ぶっそ》憐《あわれ》みの余《あま》り広大《こうだい》の慈門《じもん》を開《ひら》き置《お》けり、是《こ》れ一切衆生《いっさいしゅじょう》を証入《しょうにゅう》せしめんが為《ため》なり、人天誰《にんでんたれ》か入《い》らざらん、彼《か》の三《さん》時《じ》の悪業報《あくごっぽう》必《かなら》ず感《かん》ずべしと雖《いえど》も、懺悔《さんげ》するが如《ごと》きは重《おも》きを転《てん》じて軽受《きょうじゅ》せしむ、又滅罪清浄《まためつざいしょうじょう》ならしむるなり。

第二章　懺悔滅罪（懺悔して罪を滅する）

七、仏様達は衆生の悩み苦しみを愛《いと》おしまれるあまり、広く救いの手をさし延べられ、慈しみの門を開いておいでになります。これは、一切の衆生を誠の道に導き入れようとなさっている為であります。この門には、人間界の誰も彼も天上界の方達も誰一人としてそこに入れないということはありません。あの、前章に述べましたように三時に亘る悪業の報いは必ずあるものなのですが、その悪業を心から懺悔《さんげ》することによって、重い報いも転じて軽く報われることになるのです。また、更に、

【八】然《しか》あれば、誠心《じょうしん》を専《もっぱ》らにして前仏《ぜんぶつ》に懺悔《さんげ》すべし、恁麼《いんも》するとき前仏懺悔《ぜんぶつさんげ》の功徳力《くどくりき》我《われ》を拯《すく》いて清浄《しょうじょう》ならしむ、此功徳《このくどく》能《よ》く無礙《むげ》の浄信精進《じょうしんしょうじん》を生長《しょうちょう》せしむるなり、浄信一現《じょうしんいちげん》するとき、自佗《じた》同《おな》じく転《てん》ぜらるるなり、其利益《そのりやく》普《あまね》く情非情《じょうひじょう》に蒙《こう》ぶらしむ。

全ての罪を滅して清浄の身にしてくれるのであります。

八、ですから、誠の心を励まして、仏の前に進み出て、なした悪業を心から懺悔しなければなりません。そのようにするとき、その仏の前に進み出ての懺悔の功徳の力は、我が身を救って清浄にして下さるのです。この功徳は、我々の心に備わっている何者にも妨げられない清浄の心による精進を大いに助け励ましてくれます。そういう清浄心による信の力が一度発揮されますと、自分のみならず他人も同じく清浄心に誘われていきます。そして、その利益《りやく》は広く、情すなわち一切の生き物、非情すなわち無生物に、つまり天地有情

【九】其大旨《そのだいし》は、願《ねが》わくは我設《われたと》い過去《かこ》の悪業多《あくごうおお》く重《かさ》なりて障道《しょうどう》の因縁《いんねん》ありとも、仏道《ぶつどう》に因《よ》りて得道《とくどう》せりし諸仏諸祖《しょぶつしょそ》我《われ》を愍《あわれ》みて業累《ごうるい》を解脱《げだつ》せしめ、学道障《がくどうさわ》り無《な》からしめ、其功徳法門普《そのくどくほうもんあまね》く無尽法界《むじんほっかい》に充満《じゅうまん》弥綸《みりん》せらん、哀《あわ》れみを我《われ》に分布《ぶんぷ》すべし、仏祖《ぶっそ》の往昔《おうしゃく》は吾等《われら》なり、吾等《われら》が当来《とうらい》は仏祖《ぶっそ》ならん。

大地草木にも及ぶのであります。

九、その言おうとする大切なことは、こういう事です。願わくは、「自分がたとい過去世に於いて悪業を多く重ねてきたとしても、仏道を得る障害に成る因縁があるとしても、先に仏道によって悟りを得られた諸仏諸祖が、私を哀れにお思いになって、罪業の災いから抜け出させて下さり、仏道を修行する障害を無くして頂きたいと思います。そして、仏祖方達のお与え下さる功徳や法門は全世界に行き渡り充満していますが、その慈しみを、罪業の重なっている私にもお分け下さいませ。仏祖様方も昔は私たちと同じ凡夫でしたでしょう、そして、私も将来は仏祖

【一〇】我昔所造諸悪業《がしゃくしょぞうしょあくごう》 皆由無始貪瞋癡《かいゆうむしとんじんち》 従身口意之所生《じゅうしんくいししょしょう》 一切我今皆懺悔《いっさいがこんかいさんげ》 是《かく》の如《ごと》く懺悔《さんげ》すれば必《かなら》ず仏祖《ぶっそ》の冥助《みょうじょ》あるなり、心念身儀《しんねんしんぎ》発露白仏《ほっろびゃくぶつ》すべし、発露《ほっろ》の力《ちから》 罪根《ざいこん》をして銷殞《しょういん》せしむるなり。

になることが出来ましょう」と願うのであります。

一〇、「私が昔なした罪業は、皆、いつからか分からないほどの昔からの貪《むさぼ》りの気持ち、怒りの心、愚かさによって、我が身、我が口、我が心から起こったものであります、今、一切全てを悉《ことごと》く懺悔いたします」と。このように懺悔するならば、必ず、仏祖様方の目に見えない助けがあるのであります。心に懺悔の思いを持ち、体にも懺悔の姿を現し、仏様の前で全てを露わにして申し上げるべきであります。このように、全てを露わにして懺悔する力によって犯した罪は根っこから消えて無くなるのであります。

第三章　受戒入位《じゅかいにゅうい》

【一一】次《つぎ》には深《ふか》く仏法僧《ぶっぽうそう》の三宝《さんぼう》を敬《うやま》い奉《たてまつ》るべし、生《しょう》を易《か》え身《み》を易《か》えても三宝《さんぼう》を供養《くよう》し敬《うやま》い奉《たてまつ》らんことを願《ねご》うべし、西《さい》天東土仏祖正伝《てんとうどぶっそしょうでん》する所《ところ》は恭敬仏法僧《くぎょうぶっぽうそう》なり。

第三章　受戒入位　（戒を受けて仏の位に入る）

一一、罪業を懺悔して清浄の身になりましたら、次にはまず心から深く仏と法と僧という三宝に帰依して、お敬《うやま》い申し上げなければなりません。仏とはそのお悟りをお開きになった方、法とはその仏様がお説きになったみ教え、僧とは仏様の法によって修行して仏になろうとしている方々のことです。たとい今の生が終わって、身が変わっても、次の世でも、次の次の世でも、この仏法僧の三宝を供養し、お敬い申し上げるようにと願わなければなりません。インドも中国も、仏祖が正しく伝わっている所では、この仏法僧の三宝を恭《うやうや》しくお敬い申し上げるのであります。

【一二】若《も》し薄福少徳《はくふくしょうとく》の衆生《しゅじょう》は三宝《さんぽう》の名《みょう》字《じ》猶《な》お聞《き》き奉《たてまつ》らざるなり、何《いか》に況《いわん》や帰依《きえ》し奉《たてまつ》ることを得《え》んや、徒《いたず》らに所逼《しょひつ》を怖《おそ》れて山神鬼神等《さんじんきじんとう》に帰依《きえ》し、或《あるい》は外道《げどう》の制多《せいた》に帰依《きえ》すること勿《なか》れ、彼《かれ》は其帰依《そのきえ》に因《よ》りて衆苦《しゅく》を解脱《げだつ》すること無《な》し、早《はや》く仏法僧《ぶっぽうそう》の三宝《さんぼう》に帰依《きえ》し奉《たてまつ》りて、衆苦《しゅく》を解脱《げだつ》するのみに非《あら》ず菩提《ぼだい》を成　就《じょうじゅ(う)》すべし。

一二、もし、福に恵まれず、徳の薄い人達は、気の毒なことに、その三宝という名前すらお聞きしたことがないのであります。まして、三宝に帰依し申し上げることなど出来るわけがありません。それでいろいろ人生で困ったことに責められたりして、訳の分からぬ山の神さまとか、祟《たた》りをするという鬼神などに間違って帰依したり、あるいは、道を外《はず》れた邪教の塔廟《とうびょう》などに帰依するなどということがあるかも知れませんが、そんなことをしてはいけません。そんなものに帰依したところで、

【一三】其《その》帰依《きえ》三宝《さんぼう》とは正《まさ》に浄信《じょうしん》を専《もっぱ》らにして、或《あるい》は如来現在世《にょらいげんざいせ》にもあれ、或《あるい》は如来滅後《にょらいめつご》にもあれ、合掌《がっしょう》し、低頭《ていず》して口《くち》に唱《とな》えて云《いわ》く、南無帰依仏《なむきえぶつ》、南無帰依法《なむきえほう》、南無帰依僧《なむきえそう》、仏《ほとけ》は是《こ》れ大師《だいし》なるが故《ゆえ》に帰依《きえ》す、法《ほう》は良薬《りょうやく》なるが故《ゆえ》に帰依《きえ》す、僧《そう》は勝友《しょうゆう》なるが故《ゆえ》に帰依《きえ》す、仏弟子《ぶつでし》と

決して色々な苦から抜け出すことなど出来ません。何よりも早く、仏法僧の三宝に帰依し申し上げて、それによって、色々な苦から抜け出すばかりでなく、真実の法、この上ない悟りを成し遂げるべきであります。

一三、その三宝に帰依するというのは、まさしく清浄な信の心を持って、如来の現在していらっしゃる世においても、あるいは、ひょっとして如来の滅後であっても、合掌し頭を下げて、口に「南無帰依仏、南無帰依法、南無帰依僧」、すなわち、「仏に帰依します、法に帰依します、僧に帰依します」、仏というのは私を悟りに導いて下さる偉大な先生だから帰依するのです、法は、

なること必《かなら》ず三帰《さんき》に依《よ》る、何《いず》れの戒《かい》を受《う》くるも必《かなら》ず三帰《さんき》を受《う》けて其後諸戒《そののちしょかい》を受《う》くるなり、然《しか》あれば則《すなわ》ち三帰《さんき》に依《よ》りて得戒《とくかい》あるなり。

【一四】此帰依仏法僧《このきえぶっぽうそう》の功徳《くどく》、必《かなら》ず感応道《かんのうどう》交《こう》するとき成就《じょうじゅ(う)》するなり、設《たと》い天上人《てんじょうにん》

私のあらゆる悩みを癒《いや》してくれる良薬ですから帰依するのです、僧は修行をしていく上でのこの上ない善き友だから帰依するのです。仏様の弟子になって修行するためにはまず、必ずこの三宝に帰依するということ、つまり三帰によります。他のいずれの戒を受けるにも、まず必ず最初にこの戒を受けて、その後で色々の戒法を受けるのであります。でありますから、正に、この三帰戒を受ける功徳によって、諸々の戒法が、我が身に備わり、成就するのであります。

一四、そして、この仏法僧の三宝に帰依する功徳というものは、感応道交するときに成就するものです、つまり、

間《げん》地《じ》獄《ごく》鬼《き》畜《ちく》なりと雖《いえど》も、感応道交《かんのうどうこう》すれば必《かなら》ず帰依《きえ》し奉《たてまつ》るなり、已《すで》に帰依《きえ》し奉《たてまつ》るが如《ごと》きは生　生世世在在処処《しょうじょうせせざいざいしょしょ》に増　長《ぞうちょう》し、必《かなら》ず積功累徳《しゃっくるいとく》し、阿耨多羅三藐三菩提《あのくたらさんみゃくさんぼだい》を成　就《じょうじゅ(う)》するなり、知《し》るべし三帰《さんき》の功徳《くどく》其《そ》れ最尊最上甚深不可思議《さいそんさいじょうじんじんふかしぎ》なりということ、世尊已《せそんすで》に証　明《しょうみょう》しまします、衆　生当《しゅじょうまさ》に信受《しんじゅ》すべし。

仏様の衆生を救いたいというお気持ちと衆生のどうしても救われたいという気持ちがピタリと合致したときに、成り立つのです。たとい天上界にあっても、人間界に生まれた人達も、地獄界に落ちた鬼畜の悪人でも、仏様とそれぞれの衆生の心が通じ合うならば、必ず衆生は仏様に帰依し申し上げるのである。あるいは、もう既に仏様に帰依し申し上げている場合には、この生においても次の生においても何度生まれ変わっても、どんなところにおいても有りとあらゆるところにおいて、その功徳はますます大きくなります。そして、更にまた、功徳を積み重ねて、阿《あ》耨多羅三藐三菩提《のくたらさんみゃくさんぼだい》、すなわち、最尊最上の悟りを成就することになるので

【一五】次《つぎ》には応《まさ》に三聚浄戒《さんじゅじょうかい》を受《う》け奉《たてまつ》るべし、第一摂律儀戒《だいいちしょうりつぎかい》、第二摂善法戒《だいにしょうぜんぼうかい》、第三摂衆生戒《だいさんしょうしゅじょうかい》なり、次《つぎ》には応《まさ》に十重禁戒《じゅうじゅうきんかい》を受《う》け奉《たてまつ》るべし、第一不殺生戒《だいいちふせっしょうかい》、第二不偸盗戒《だいにふちゅうとうかい》、第三不邪婬戒《だいさんふじゃいんかい》、第四不妄語戒《だいしふもうごかい》、第五不酤酒戒《だいごふこしゅかい》、第六不説過戒《だいろくふせっかかい》、

あります。三宝に帰依するという、三帰の功徳は、とにかく、最尊最上そして、誠にどんな説明も出来ない、不可思議なものだということを知るべきであります。そのことは、遥か以前にお釈迦様が明らかになさっていらっしゃるのであります、人々はこれを心から信じ、受持すべきであります。

一五、三帰戒を受け終わったら、次には三聚浄戒をお受けしなければなりません。それは、第一摂律儀戒、第二摂善法戒、第三摂衆生戒です。すなわち、律儀にかなったことをすべきであるということ、更に言えば、悪律儀を排することですから、これは次の戒に言う善法にかなった行いをすることであり、

第七不自讃毀佗戒《だいしちふじさんきたかい》、第八不慳法財戒《だいはちふけんほうざいかい》、第《だい》九不瞋恚戒《くふしんにかい》、第十不謗三宝戒《だいじゅうふほうさんぼうかい》なり、上《じょう》来三帰《らいさんき》、三聚浄戒《さんじゅじょうかい》、十重禁戒《じゅうじゅうきんかい》、是《こ》れ諸仏《しょぶつ》の受持《じゅじ》したまう所《ところ》なり。

皆と交わって修することであります。正に、三帰戒を敷衍《ふえん》したものであります。そして次には十重禁戒、十箇条のやってはならないという重大な戒をお受けするのであります。第一、不殺生戒、生き物を殺してはならないということ、第二、不偸盗戒、他の物を盗んではいけないということ、第三、不邪淫戒、みだらな心を起こしてはならないということ、第四、不妄語戒、嘘を言ってはいけないということ、第五、不酤酒戒、酒を売ってはならないということ、第六、不説過戒、人の咎《とが》を言わないということ、第七、不自讃毀他戒、自分のやったことは褒めたり、人のやった事をけなしたりしてはいけないということ、第八、不慳法財戒、法や財を惜しんではならないということ、第九、不瞋恚戒、怒ってはならぬということ、第十、不謗三宝戒、三宝を謗《そし》ってはならないということ、であります。今、述べてきた、三帰戒、三聚浄戒、十重禁戒は、正に諸仏が受け伝えてきたものなのであります。

【一六】受戒《じゅかい》するが如《ごと》きは、三世《さんぜ》の諸仏《しょぶつ》の所証《しょしょう》なる阿耨多羅三藐三菩提《あのくたらさんみゃくさんぼだい》金剛不壊《こんごうふえ》の仏果《ぶっか》を証《しょう》するなり、誰《たれ》の智人《ちにん》か欣求《ごんぐ》せざらん、世尊《せそん》明《あき》らかに一切衆生《いっさいしゅじょう》の為《ため》に示《しめ》しまします、衆生仏戒《しゅじょうぶっかい》を受《う》くれば、即《すなわ》ち諸仏《しょぶつ》の位《くらい》に入《い》る、位大覚《くらいだいがく》に同《おな》じうし已《おわ》る、真《まこと》に是《こ》れ諸仏《しょぶつ》の子《みこ》なりと。

一六、この十六条の戒を受ければ、過去、現在、未来の三世の諸仏が証してきた最上の悟り、何ものにも打ち破られないお悟りを体得することが出来るのであります。知恵ある人は、誰一人としてこれを願わないということがありましょうか。お釈迦様は、一切衆生のために明らかにお示しになっておられます。人々は、仏様の戒を受けるな

【一七】諸仏《しょぶつ》の常《つね》に此中《このなか》に住持《じゅうじ》たる、各各《かくかく》の方面《ほうめん》に知覚《ちかく》を遺《のこ》さず、群生《ぐんじょう》の長《とこしな》えに此中《このなか》に使用《しよう》する、各各《かくかく》の知覚《ちかく》に方面《ほうめん》露《あらわ》れず、是時《このとき》十方法界《じっぽうほっかい》の土地《とち》草木《そうもく》牆壁《しょうへき》瓦《が》礫《りゃく》皆《みな》仏事《ぶつじ》を作《な》すを以《もっ》て、其《その》起《お》こす所《ところ》の風水《ふうすい》の利益《りやく》に預《あず》かる輩《ともがら》、皆《みな》甚《じん》妙《みょう》不可思《ふかし》議《ぎ》の仏化《ぶっけ》に冥資《みょうし》せられて親《ちか》き悟《さと》りを顕《あら》わす、是《これ》を無為《むい》の功徳《くどく》とす、是《これ》を無作《むさ》の功《く》

らば、そのまま、諸仏と同じ境涯に達するのであります。その境涯は、悟りを開かれた仏様と同じに成るのであります。誠に、この我等こそ、諸仏の子どもなのであります。

一七、諸仏が、この戒法を自分のありようとして、常にこの自受用（自ら悟った法楽を自ら受用する）三昧の中に安住して留《とど》まっておられるということは、あらゆる方面に、主観というものはあとかたもなく、また衆生も常に、そして無限に、この自受用三昧の中にあってこの中に安住し、自由自在に使用しているのであり、主客は別々のものとしてあるのではありません。正にこの無我という境地に到ったとき、十方世

徳《どく》とす、是発菩提心《これほつぼだいしん》なり。

界の大地もそこにある全ての草木も壁も、垣根も瓦も石ころも全部が有りの侭《まま》の世界を形作るということであります。そしてその自然世界が自《おの》ずから起こす地水火風空の齎《もたら》す恵みを受けるのであります。その功徳に預かるもの皆が、甚深微妙、例《たと》えるものもないような仏の働きに知らず知らずのうちに助けられて、自ら悟りの境地にいたるのであります。これを何の作為もない功徳と言い、何の計らいもない功徳と言うのであります。そして、これが菩提心を起こすということであります。

第四章　発願利生《ほつがんりしょう》

【一八】菩提心《ぼだいしん》を発《おこ》すというは、己《おの》れ未《いま》だ度《わた》らざる前《さき》に一切衆生《いっさいしゅじょう》を度《わた》さんと発《ほっ》願《がん》し営《いとな》むなり、設《たと》い在家《ざいけ》にもあれ、設《たと》い出家《しゅっけ》にもあれ、或《あるい》は天上《てんじょう》にもあれ、或《あるい》は人間《にんげん》にもあれ、苦《く》にありというとも楽《らく》にありというとも、早《はや》く自未得度先度佗《じみとくどせんどた》の心《こころ》を発《おこ》すべし。

第四章　発願利生（誓願を立てて、衆生を利する）

一八、菩提心を起こすというのは、自分が、未だ、この迷いの世界から、悟りの世界へと渡らない先に、一切の人々を悟りの世界に入らせようという願を立て、そのように色々手立てを講ずることであります。その身がたとい在家にあっても、既に出家の身であっても、あるいはひょっとして天上界にいるとしても、人間界にいるとしても、また、苦を受けているとしても、楽な境涯にいるとしても、とにかく、早く、自未得度先度他の心、すなわち、自分のことはさておいても、他の人達を先

【一九】其形《そのかたち》陋《いや》しというとも、此心《このこころ》を発《おこ》せば、已《すで》に一切衆生《いっさいしゅじょう》の導師《どうし》なり、設《たと》い七歳《しちさい》の女流《にょりゅう》なりとも即《すなわ》ち四衆《ししゅ》の導師《どうし》なり、衆生《しゅじょう》の慈父《じふ》なり、男女《なんにょ》を論《ろん》ずること勿《なか》れ、此《こ》れ仏道極妙《ぶつどうごくみょう》の法則《ほうそく》なり。

【二〇】若《も》し菩提心《ぼだいしん》を発《おこ》して後《のち》、六趣四《ろくしゅし》

に悟りの世界に渡すという心構えを起こして持たなければなりません。

一九、そして、その身がたとい賤《いや》しい形をしているといっても、この菩薩の心、菩提心を起こしたなら、既に、一切の衆生の導き手なのであります。たとい僅か七歳の女性であっても、そのまま、全ての衆生、比丘《びく》・比丘尼《びくに》・優《う》婆塞《ばそく》・優婆夷《うばい》という四衆の先生であり、導師なのであります。そして、全ての衆生の慈父なのであります。これは、男女に関わりません、これが、仏道のこの上ない微妙《みみょう》の法則なのであります。

二〇、もし、そういう衆生の得道のために菩提心を起こした後、地獄界、餓生《しょう》に輪転《りんでん》すと雖《いえど》も其輪転《そのりんでん》の因縁皆菩提《いんねんみなぼだい》の行願《ぎょうがん》となるなり、然《しか》あれば従来《じゅうらい》の光陰《こういん》は設《たと》い空《むな》しく過《す》ごすというとも、今生《こんじょう》の未《いま》だ過《す》ぎざる際《あい》だに急《いそ》ぎて発願《ほつがん》すべし、設《たと》い仏《ほとけ》に成《な》るべき功徳《くどく》熟《じゅく》して円満《えんまん》すべしというとも、尚《な》お廻《めぐ》らして衆生《しゅじょう》の成《じょう》仏得道《ぶっとくどう》に回向《えこう》するなり、或《あるい》は無量劫行《むりょうごうおこ》ないて衆生《しゅじょう》を先《さき》に度《わた》して自《みずか》らは終《つい》に仏《ほとけ》に成《な》らず、但《ただ》し衆生《しゅじょう》を度《わた》し衆生《しゅじょう》を利益《りやく》するもあり。

鬼界、畜生界、修羅界、人間界、天上界のどこに生まれ変わろうとも、また、胎生、卵生、湿生、化生の四生を経巡《へめぐ》ることになっても、その、六道輪廻や四生の境涯を経験することは全部菩提を成就するようにとの願を行ずることになるのであります。でありますから、従来は菩提の道からは外れたことをして時を過ごしてきたとしても、今の生が終わってしまわないうちに、急いでこの菩薩の願を起こすべきであります。そして、たとい自分が悟りを得て仏になる功徳が成就することになったとしても、さらに、その功徳を他にめぐらして、衆生が仏道において悟りを得ることに向けるのであります。ある場合には、自分は無限の長期に亘って行を

【二】衆生《しゅじょう》を利益《りやく》すというは四枚《しまい》の般《はん》若《にゃ》あり、一者《ひとつには》布施《ふせ》、二者《ふたつには》愛語《あいご》、三者《みつには》利《り》行《ぎょう》、四者《よつには》同事《どうじ》、是《こ》れ則《すなわ》ち薩埵《さった》の行願《ぎょうがん》なり、其《その》布施《ふせ》というは貪《むさぼ》らざるなり、我物《わがもの》に非《あら》ざれども布施《ふせ》を障《さ》えざる道理《どうり》あり、其物《そのもの》の軽《かろ》きを嫌《きら》わず、其功《そのこう》の実《じつ》なるべきなり、然《しか》あれば則《すなわ》ち一句一偈《いっくいちげ》の法《ほう》をも布施《ふせ》すべし、此生佗生《ししょうたしょう》の善種《ぜんしゅ》となる、一銭一草《いっせんいっそう》の

修して衆生を先に悟りの彼岸に渡しても、自分は最後まで仏に成らず、ただただ衆生を悟らせることに務め、衆生に利益を施すのであります。これが菩提心のあり方なのです。

二、そして、その衆生に利益《りやく》を施すというには、四通りの知恵があります。一つ目には、「布施」ということです、二つ目には「愛語」、三つ目には「利行」、四つ目には「同時」ということです。これが、菩薩が衆生に対して利益を施す誓願の行いであります。まず、「布施」とは、自分の物、自分の物と言って貪《むさぼ》ることをしないことです。これは、実は自分の物でなくても、布施という行為には妨げにならないのでありま

財《たから》をも布施《ふせ》すべし、此世佗世《しせたせ》の善根《ぜんごん》を兆《きざ》す、法《ほう》も財《たから》なるべし、財《たから》も法《ほう》なるべし、但彼《ただかれ》が報謝《ほうしゃ》を貪《むさぼ》らず、自《みずか》らが力《ちから》を頒《わか》つなり、舟《ふね》を置《お》き橋《はし》を渡《わた》すも布施《ふせ》の檀度《だんど》なり、治生産業《ちしょうさんぎょう》固《もと》より布施《ふせ》に非《あら》ざること無《な》し。

す。すなわち、物でない布施という行為もあるのであります。物の価値の軽重に拘《こだわ》ることはありません。その、行い自体が誠の気持ちから出ていることが大切なのです。ですから、たとい一句一偈の法であっても布施の気持ちで与えるべきであります。この生においても、あるいは他の生においても善の種となるような物は、たとい僅か一銭でも、一本の草のような財物でも、与えるべきであります。此《こ》の世、他の世、いずれの生においても善行の兆しになるような物は、法も宝物でありますし、宝物は尊い法でもあります。とにかく、他に対して返礼などを求めずに自分の持てる力を他に対して分かつということが大切なのです。ですから、渡し場

【二二】 愛語《あいご》というは、衆生《しゅじょう》を見《み》るに、先《ま》ず慈愛《じあい》の心《こころ》を発《おこ》し、顧愛《こあい》の言語《ごんご》を施《ほどこ》すなり、慈念衆生猶如赤子《じねんしゅじょうゆうにょしゃくし》の懐《おも》いを貯《たくわ》えて言語《ごんご》するは愛語《あいご》なり、徳《とく》あるは讃《ほ》むべし、徳《とく》なきは憐《あわれ》れむべし、怨敵《おんてき》を降伏《ごうぶく》し、君子《くんし》を和睦《わぼく》ならしむること愛語《あいご》を根本《こんぽん》とするなり、面《むか》いて愛語《あいご》を聞《き》くは面《おもて》を喜《よろこ》ばしめ、心《こころ》を楽《たの》しくす、面《むか》わずして愛語《あいご》を

に船を置いて通行人に利便を与え、あるいは、橋を架けるということも正に布施の行いそのものであります。人々の生を治めるあらゆる産業という物は元々布施そのものであります。

二二、「愛語」というのは、衆生を見るのに、まず、慈しみの心を持ち、愛し顧みる言葉をかけることであります。衆生に対して慈しみ念《お》もうこと、丁度、赤ちゃんに対するがごとき思いをもって、言葉をかけるのが愛語です。徳のある人は褒めるべきでありますし、徳のない人には気の毒だと哀れみの心を起こさなければいけません。怨み合っている敵を屈服せしめ、君子の争いを鎮めて和睦させるのは、愛語を根

聞《き》くは肝《きも》に銘《めい》じ魂《たましい》に銘《めい》ず、愛語《あいごよ》能く廻天《かいてん》の力《ちから》あることを学《がく》すべきなり。

【二三】利行《りぎょう》というは貴賤《きせん》の衆生《しゅじょう》に於《お》きて利益《りやく》の善巧《ぜんぎょう》を廻《めぐ》らすなり、窮亀《きゅうき》を見《み》病雀《びょうじゃく》を見《み》しとき、彼《かれ》が報謝《ほうしゃ》を求《もと》めず、唯単《ただひと》えに利行《りぎょう》に催《もよお》さるるなり、愚人謂《ぐにんおも》わくは利佗《りた》を先《さき》とせば自《みずか》らが利《り》省《はぶ》かれぬべしと、爾《しか》には非《あら》ざるなり、利行《りぎょう》は一法《いっぽう》なり、普《あまね》く自佗《じた》を利《り》するなり。

本とするのであります。面と向かって愛語を聞けば思わず嬉しい表情が現れ、陰で言われた愛語を聞けば、深く、心の奥に刻まれるのであります。愛語は、天子の心をさえ変えさせる力があることを学ばなければなりません。

二三、「利行」というのは、身分の上下貴賤を問わず、全ての衆生に対して利益《りやく》を与えようとする善き手立てを考え、及ぼすことを言うのであります。中国の故事で、窮地にある亀を見て助け（晋《しん》の時、孔愉《こうゆ》という人が売られ行く亀を助けて海に逃したこと）、病んだ雀を見て助けた（後漢の時、楊宝《ようぼう》という人が病んだ雀が蟻にたかられて苦しんでいるのを助けたということ）のも、決して、その返礼を求めたものではありませんでした。ただただ、他を利益しようという心に動かされただけなのです。もっとも、愚かな人は、他を利益することを先とすれば、自分の利は少なくなってしまうと思うでしょう。しかし、それは考え違いです、そうではありません。他に対して利益を施すという利行は、完全な行為でありますから、自分他人の区別なく、普く自他を利するのであります。

【二四】同事《どうじ》というは不違《ふい》なり、自《じ》にも不《ふ》違《い》なり、佗《た》にも不違《ふい》なり、譬《たと》えば人間《にんげん》の如来《にょらい》は人間《にんげん》に同《どう》ぜるが如《ごと》し、佗《た》をして自《じ》に同《どう》ぜしめて後《のち》に自《じ》をして佗《た》に同《どう》ぜしむ

二四、「同事」というのは、違《たが》わないということであります。自分に対しても背《そむ》かない、他に対しても背かないということであります。例えば、人間として生まれられた釈尊は仏に成られて

る道理《どうり》あるべし、自佗《じた》は時《とき》に随《したご》うて無窮《むきゅう》なり、海《うみ》の水《みず》を辞《じ》せざるは同事《どうじ》なり、是《この》故《ゆえ》に能《よ》く水《みず》聚《あつま》りて海《うみ》となるなり。

【二五】大凡《おおよそ》菩提心《ぼだいしん》の行願《ぎょうがん》には是《かく》の如《ごと》くの道理《どうり》静《しず》かに思惟《しゆい》すべし、卒爾《そつじ》にすることを勿《なか》れ、済度摂受《さいどしょうじゅ》に一切衆生《いっさいしゅじょう》皆化《みなけ》を被《こう》ぶらん功徳《くどく》を礼拝恭敬《らいはいくぎょう》すべし。

も人間なのであります。自分を他と同じ立場に立たせ、その後に、他をも、自分と同じ立場に立たせるというやり方があるはずであります。自他というものは時と共に、きわまりない ものです。海が海としてあるのは、幾らでも全ての水を受け入れるからで、これが、海の同事ということであります。ですから、百千の川の水が全て集まって海になるのであります。

二五、およそ、菩提心を起こして、身に行じ、心に願うには、このような有り様を静かに、よくよく考えることが必要なのです。軽率に投げやりにしてはいけません。衆生を救済して悟りの岸に渡し、救い上げるという点においても、全ての衆生がみな仏の教えを蒙《こうむ》ることになる功徳を、礼拝して忝《かたじけ》なく敬《うやま》い申し上げなければなりません。

第五章　行持報恩《ぎょうじほうおん》

【二六】此発菩提心《このほつぼだいしん》、多《おお》くは南閻浮《なんえんぶ》の人身《にんしん》に発心《ほっしん》すべきなり、今是《いまかく》の如《ごと》くの因縁《いんねん》あり、願生此娑婆国土《がんしょうししゃばこくど》し来《きた》れり、見釈迦牟尼仏《けんしゃかむにぶつ》を喜《よろこ》ばざらんや。

第五章　行持報恩（人としての道を常に保って皆の恩に報いること）

二六、この、菩提心は多くは南閻浮提《なんえんぶだい》州の人間世界において起こすべきであります。今私たちはこの娑婆世界、すなわち苦の世界におりますが、それ故に菩提心を起こしやすい因縁があります。私たちは、この世界に生まれることを願った結果、この娑婆国土に生を受けたのであります。そして、大恩ある教主釈迦牟尼仏にお会いすることが出来たのであります。これを喜ばないということがありましょうか。発心の因縁が熟しやすい、この娑婆国土に生まれたことに感謝しなければなりませ

【二七】静《しず》かに憶《おも》うべし、正法《しょうぼう》世《よ》に流布《るふ》せざらん時《とき》は、身命《しんめい》を正法《しょうぼう》の為《ため》に抛捨《ほうしゃ》せんことを願《ねご》うとも値《お》うべからず、正法《しょうぼう》に逢《お》う今日《こんにち》の吾等《われら》を願《ねご》うべし、見《み》ずや、仏《ほとけ》の言《のたま》わく、無上菩提《むじょうぼだい》を演説《えんぜつ》する師《し》に値《あ》わんには、種姓《しゅしょう》を観《かん》ずること莫《なか》れ、容顔《ようがん》を見《み》ること莫《なか》れ、非《ひ》を嫌《きろ》うこと莫《なか》れ、行《おこ》ないを考《かんが》うること莫《なか》れ、但般若《ただはんにゃ》を尊重《そんじゅう》するが故《ゆえ》に、日日三時《にちにちさんじ》に礼拝《らいはい》し、恭敬《くぎょう》して、更《さら》に患悩《げんのう》の心《こころ》を生《しょう》ぜしむること莫《なか》れと。

ん。

二七、よくよく静かに心を落ち着けて考えてみてください。もしも、正法が消え失せてしまっている世の中に出会ったとしたら、我が身命を正法を得るために投げだそうとしても何ともなりません。今日、正法が世に流布している中に生まれたことを喜ぶべきであります。仏がこう仰有《おっしゃ》っていることを知りませんか、すなわち、この上ない悟りの法を述べ説いている師に会うことが出来たら、その師の生まれつきなどを問うことは必要ありませんし、その師の容姿を問題にしてはいけないし、もし仮に欠点があってもそれを嫌ってはいけませんし、その行いの完全さを

【二八】今《いま》の見仏聞法《けんぶつもんぽう》は仏祖面面《ぶっそめんめん》の行持《ぎょうじ》より来《きた》れる慈恩《じおん》なり、仏祖《ぶっそ》若《も》し単伝《たんでん》せずば、奈何《いか》にしてか今日《こんにち》に至《いた》らん、一句《いっく》の恩尚《おんな》お報謝《ほうしゃ》すべし、一法《いっぽう》の恩尚《おんな》お報謝《ほうしゃ》すべし、況《いわん》や正法眼蔵無上大法《しょうぼうげんぞうむじょうだいほう》の大恩《だいおん》これを報謝《ほうしゃ》せざらんや、病雀尚《びょうじゃくな》お恩《おん》を忘《わす》れず、三府《さんぷ》の環《かん》能《よ》く報謝《ほうしゃ》あり、窮亀尚《きゅうきな》お

求めてもいけません。ただただその師の説く般若の知恵を重んじて毎日毎日、朝、昼、夜の三時に礼拝して、師に恭《うやうや》しく誠を尽くし、決して、師に憂《うれ》え迷うような心を起こさせてはなりません。

二八、今現在私たちが仏を見、仏の教えを聞くことが出来るのは、仏祖がインド、中国、日本と面受（面と面を合わせて受ける）、授面（面と面を合わせて授ける）して法を間違いなく伝えてきてくださったという行いによって、伝え保たれてきたのであります。この慈しみに溢れた御恩のお陰であります。もしそうではなく、仏祖が面受授面して法をお伝え下さらなかったとす

恩《おん》を忘《わす》れず、余《よ》不《ふ》の印《いん》能《よ》く報謝《ほうしゃ》あり、畜《ちく》類《るい》尚《な》お恩《おん》を報《ほう》ず、人類《じんるい》争《いかで》か恩《おん》を知《し》らざらん。

れば、仏法はどうして今に伝わっているでしょうか。今伝えられている法は、その一句にしても、その恩に対しては報謝しなければ成りません、一つの法に対しても報謝しなければなりません。まして況《いわん》や、仏祖の法として伝えられてきた無上の仏法である正法眼蔵《しょうぼうげんぞう》に対するこの上ない大きな恩、これに対して、私たちはどのように感謝し御礼を申したらいいのか、感謝のしようもないのであります。助けられた雀、前に出ていた、中国の『蒙求《もうぎゅう》』という書に記されている故事にある病雀ですら恩を忘れずに恩を報じたではありませんか。その病雀は助けてくれた楊宝《ようほう》に環《かん》を与えて「子孫が三公（大臣）の地位に昇る」と預言したと言います。また、孔愉《こうゆ》に余不《よふ》という川で助けられた亀は、放して貰った川の中流で首を左に向けたが、後、印鑑を作ると何回鋳直《いなお》してもその印鑑の亀の首が左に曲がったといいます。このように畜類にあっても恩を忘れずに報ずるのであります。人たる者、どうして恩を知らず、報じずにおれましょうか。

【二九】其報謝《そのほうしゃ》は余外《よげ》の法《ほう》は中《あた》るべからず、唯当《ただまさ》に日日《にちにち》の行持《ぎょうじ》、其報謝《そのほうしゃ》の正道《しょうどう》なるべし、謂《いわ》ゆるの道理《どうり》は日日《にちにち》の生命《せいめい》を等閑《なおざり》にせず、私《わたくし》に費《つい》やさざらんと行持《ぎょうじ》するなり。

二九、我々人間は、受けた恩に対して報謝するにはどうしたらいいのでしょうか、それは、これ以外の方法はありません、つまり、ただ、毎日毎日自分の為すべき事をきちんと行うこと、つまり、人として為すべき事をすることこそが、恩に報いる王道なのであります。ここで言われている事の道理は、

【三〇】光陰《こういん》は矢《や》よりも迅《すみや》かなり、身命《しんめい》は露《つゆ》よりも脆《もろ》し、何《いず》れの善巧方便《ぜんぎょうほうべん》ありてか過《す》ぎにし一日《いちにち》を復《ふたた》び環《かえ》し得《え》たる、徒《いたず》らに百歳《ひゃくさい》生《い》けらんは恨《うら》むべき日月《じつげつ》なり、悲《かな》しむべき形骸《けいがい》なり、設《たと》い百歳《ひゃくさい》の日月《じつげつ》は声色《しょうしき》の奴婢《ぬび》と馳走《ちそう》すとも、其中一日《そのなかいちにち》の行持《ぎょうじ》を行取《ぎょうしゅ》せば一生《いっしょう》の百歳《ひゃくさい》を行取《ぎょうしゅ》するのみに非《あら》ず、百歳《ひゃくさい》の佗生《たしょう》をも度取《どしゅ》

与えられた日々の生命をいい加減にせず、恣意《しい》的に振る舞うことがないように、仏祖の道、すなわち、人として為すべき事を行じていくことなのであります。

三〇、月日の経つことは飛ぶ矢よりも速やかなのです。一方、私たちの受けている身命というものは、朝露よりももろいものなのです。一体、どういう手立てでもって過ぎ去った一日を取り戻すことが出来ましょうか。ぼやぼやと百歳を生きたとしたらそれは恨まなければならない月日でありますし、悲しんでも余りある情けないでくの坊の人生です。たとい、百年の日月を、周りの世界を見たり聞いたりして惑わさ

すべきなり、此一日《このいちにち》の身命《しんめい》は尊《とうと》ぶべき身《しん》命《めい》なり、貴《とうと》ぶべき形骸《けいがい》なり、此行持《このぎょうじ》あらん身心《しんじん》自《みずか》らも愛《あい》すべし、自《みずか》らも敬《うやも》うべし、我等《われら》が行持《ぎょうじ》に依《よ》りて諸仏《しょぶつ》の行持《ぎょうじ》見成《げんじょう》し、諸仏《しょぶつ》の大道《だいどう》通達《つうだつ》するなり、然《しか》あれば則《すなわ》ち一日《いちにち》の行持《ぎょうじ》是《こ》れ諸仏《しょぶつ》の種子《しゅし》なり、諸仏《しょぶつ》の行持《ぎょうじ》なり。

れて奴隷の如く振り回され、走り回っていても、その中のたった一日でも仏道を行じるならば、つまり、人としてまともな行いをするならば、今まで無益に過ごしてきた生涯を生かすことになり、さらには此《これ》から先の他生の百年も生かすことになるのであります。この仏道を行じる、一日の身命は貴《たっと》ぶべき身命であり敬《うやま》うべき体なのであります。この仏道にかなった行いをする身も心も、自分自ら愛し、いとおしむべきでありますし、自らも敬い貴ぶべきなのであります。私たちのきちんとした行持によって仏様たちの行持も明らかになり、仏様たちの大道も正に通じるのであります。でありますから、私たちの一日のまともな行いこそが、仏

【三一】謂《いわ》ゆる諸仏《しょぶつ》とは釈迦牟尼仏《しゃかむにぶつ》なり、釈迦牟尼仏《しゃかむにぶつ》是《こ》れ即心是仏《そくしんぜぶつ》なり、過去現在《かこげんざい》未来《みらい》の諸仏《しょぶつ》、共《とも》に仏《ほとけ》と成《な》る時《とき》は必《かなら》ず釈迦《しゃか》牟尼仏《むにぶつ》と成《な》るなり、是《こ》れ即心是仏《そくしんぜぶつ》なり、即心是仏《そくしんぜぶつ》というは誰《たれ》というぞと審細《しんさい》に参《さん》究《きゅう》すべし、正《まさ》に仏恩《ぶっとん》を報《ほう》ずるにてあらん。

様になる種であり、仏様たちの行持そのものなのです。私たちも、まともな行いをすればそのまま仏様なのであります。

三一、ここで言われている諸仏というのは、とりもなおさず釈迦牟尼仏であります。そして、その釈迦牟尼仏は正に即心是仏、すなわち我が心がそのまま仏であるということなのであります。過去、現在、未来の三世の諸仏も、みな仏になるときには釈迦牟尼仏となるのであります。これを即心是仏、心はそのまま仏であるというのであります。それではその即心是仏というのは一体誰のことを言うのか、自己自身を言うのではないかと、つまびらかに究めるべきなのであります。このように究めてこそ、正に仏様の恩に報いることになるのであります。

死に向き合う私の心得

―人生を終えるに当たって―

はじめに

昨年(平成二十九年)、春未だ早い頃でした。加藤延夫先生から電話を頂きました。この講演の依頼でした。よく考えもせず、うっかりお引き受けしてしまいました。後日、大幸町《だいこう》の財団本部にお伺いして加藤先生はじめ、常務理事の泉先生、事務局長の瀧日《たきひ》先生にお目にかかりました。その折、過去に講演なさいました先生方の資料、パンフレットなどを沢山拝見しまして、これは大変なことになったなぁ、これは私にはとても荷が重すぎると思いましたが、加藤先生が名大相撲部の後援会長をなさっていることは皆さん御承知だと思いますが、その相撲の話や、当日私は自転車でお伺いいたしましたが自転車のことなど話している内にお断りする機会を失ってしまいました。

私は、お話しするとき映像を使うことも、最近学会発表などでよく見るパワーポイントなども使ったことがありません。せいぜい紙に印刷した僅かな資料しか使いませんので、今までの皆様方のパンフレットに有るようなビジュアルなものは一つも用意できません。それだけでも気後れいたしました。今日お配りいたしましたのは、私の話そのものであります。それに関係有る写真を添えました。今日わざわざおいで下さった皆様方、話を聞いてやろうとお思いなのだと思います。それでも、途中、他事を考えたり、眠気を催すということが皆無では無かろうと思います。そういうときに、後で御覧頂くのに役立つだろうと思ってお作りした物であります。その意のあるところをおくみ取り頂きたいと存じます。いつの頃からか、私はお話しするときには大抵こういう物を作ってきました。自分にとっても割合便利な物であります。

余分な前置きはさておきまして、標題について若干お話ししておこうと存じます。

昨年来、私の専攻して参りました学問とは余り関係のない「死」と「生」ということについて、小さな集まりで話したのを皮切りに、誠に瓢箪から駒のようなことで、台湾大學で開催されました「中日工程技術研討会」と名前を聞いただけでは丸で見当の付かない会合に参加することになりました。十八部会あり、環境、水資源、金属、材料化工、核能ＡＢ、紡織、営建、応用科技、鉄道施設、建築研究、電信、公路工程、軌道工程、港埠《こうふ》工程、捷運《しょううん》、防災という、聞いても何か分からない組の中に混じって人文科技組というグループで、私は専門外の「私の死生観」などという題目で講演しました。専攻する学問領域でないので、自信はありませんでしたが、概して好評だったみたいでホッとしております。

今回も私が専攻して参りました日本語学の中でも不人気なマイナーな存在である「語彙研究」について、お話ししたいのは山々ですが、「語彙」ということ自体を正しく理解して頂くだけで相当難儀が予想され、お負けに私が提唱しています「比較語彙論」ということは言語学仲間でも、私の説明が悪いのか、十分正当に理解を得ているとは言えない状況であります。然も、最近、完全退職してヒマになった筈なんですが、勉強の方は締め切りも何もなくなって一向に進んでいませんので、ますます専門の話が出来なくなっております。情けないことですが、偽らざる現状です。

最初から話が逸れてしまいました。元に戻り、標題についてお話し申し上げます。

私は寺の住職という仕事柄、人の死に向き合うことが割合多うございます。しかし、それは飽くまで「他人の死」であります。尤も、自分の死に直接向き合うことはなかなか難しいとは思いますが、自分の死について考えることは出来ます。しかし、それは飽くまで頭の中で考えているだけで、現実はどうか皆目分かりません。第一、いつ死ぬのか、どのように死ぬのか、いずれ死ぬのは決まっていても全然分かりません。私はかつて「癌」に罹れば大体死期が分かり、死ぬ用意も出来るのだなと思い、「癌」願望とまでは言いませんが、余り末期癌で痛いという事の無いような「癌」ならいいなと碌でもないことを考え、それを文章にしたことがあります（『磨言敦冊』二〇〇六所収）。その考えは今も変わっていませんが、それから十数年になりますが、未だ癌に罹りそうな塩梅はありません。これから先は分かりませんけれども。

また、横道に逸れました。死ということは徹頭徹尾自分のこと、したがって、いわゆる「死生観」などということも一般的にどうだなどとは言えません。自分はどう考えるか、どう思うか、どうするのかということしか有りません。それで「死に向き合う私の心得」というわけであります。これを「死と向き合う」としなかったのも意味がありますが、それを言いだすとまたきりがなく言葉そのもの、日本語の微妙さをお話ししなければならなくなりますので、ひとまず、これは私の「死」に対して私が抱く他ならぬ私の勝手な思いだということを御承知いただきたいと存じます（「と」と「に」『磨言則冊』二〇一七所収）。

それに、最近寿命が延びて、平均寿命百歳、と言うのは一寸大げさかも知れませんが、定年後少なくとも二十年以上、三十年、ひょっとすると四十年、余生とは言いにくく成っております。或る週刊誌の記事で、それをどう生きるかを論じておりました。それを無為になすこともなく過ごすも一生、新たな生き方を目指して幼少時の思いで抑圧されていたことを今までの生活をリセットして思いっきり別の世界に飛び込むのも面白い一生、というようなことを読み、成る程、私のやっているのもそうだなと合点いたしました。

私の経歴

さて、私の履歴書です。私は、父が北京《ペキン》大学に奉職していたときに北京で生まれました。幼少時の写真を見ると、一時東京の青山近くに住んでいたようですが、二歳頃の事で、記憶にはありません。再び北京に行き、終戦前に引き揚げてきました。引き揚げのことは一部ですが、四歳になっていたので、かなりはっきり記憶していることがあります。それ以前の北京についての記憶はごく断片的なことであります。

確か、北京から釜山《プサン》まで鉄道だったと思いますが、私の記憶では、十三日掛かったことになっています。正しいかどうかもう確かめようがありません（先日、三歳上の兄に聞いてみましたが、それは覚えがないと言っていました）。間違っているのかも知れません。釜山で船に乗るのに、何日か行列したようにも思います。船中で、二歳下の弟が行方不明になり、船員が、手のひらの上に乗せて、この子はどこの子?と叫んでいたのを妙に覚えています。それから、下関について、たしか貨物列車（?）に乗せられ、静岡まできたこと、母が、北京を出る前に作って持ってきたパンに黴が生えて食べられなかったことなど、おかしな事を覚えています。静岡県の藤枝の農家の小さな小屋のような所に落ち着いた直後、父は、再び北京に戻り、途端に召集されたと聞きました。その後、戦争末期の警戒警報、空襲警報に怯え、焼津港で艦砲射撃によって火の手の上がっているのなどを見た覚えや、防空壕の中などでも過ごしたこと、いわゆる玉音放送も訳分からず聞きました。今も覚えているのはそれが「～ゆだふ」と聞こえたことです。後で分かったのは「ポツダム宣言受諾」ということでした。その後、どれだけ経ってからだったか、父が復員してきました。そして間もなく、愛知県知多半島の常滑《とこなめ》の天澤院《てんたくいん》というかなりの大きな寺に行きました。父が、そこの住職であったのをしばらく人に留守番を頼んで北京に行っていたのでした。着いたその日には、白い米のご飯を食べたことを覚えていますが、その後の食糧事情は悲惨と言うほか有りませんでした。食べ物の記憶というものは、割合はっきり残っているものです。

そこで、私は小学校に上がる前から、兄と二人、厳しい父の言いつけで、掃除をはじめ寺での種々の行事などやらされました。当時、四、五人の納所《なっしょ》と称する若い坊さん達が居ました。彼らは口減らしのために寺に来ていたようです。僧堂での雲水達の修行生活の一環である食事作法、いわゆる展鉢《てんぱつ》のようなことをして食事を頂いていました。専用の応量器などは勿論ありませんでしたが、茶碗やお椀その他の道具も色々工夫して作り、展鉢のまねごとが出来るようにしていました。その期間は僅かだったと思います。その食事当番は、本堂での朝課と一日おきでした。坐禅のまねごとも少ししたことがありましたが、あまりそのことは覚えがありません。なにより、朝課の時、お経を大きな声を出して読まないと父の雷が落ちました。その時、納所のいた覚えはなく、兄と二人だけだったように思います。今読めるお経の大半はその時覚えたもので、みんな耳から覚えたものです。後に習ったのは僅かです。父は、外で庭を掃いていて、声が小さいと怒鳴るのです、私の方が大きな声を出していたと思うのですが、いつも叱られるのは、私でした。小学校六年になる前日、名古屋の今の寺の住職夫妻の養子として縁組み入籍しました。一九五二年、昭和二十七年三月三十一日でした。どうでもいいことですが、住民票を取ったとき、私の今の寺への入籍が昭和二十四年に成っていたことです。区役所で、これは違いますと言ったところ、何か書いた証拠があるかとの問い、そんなものはありません。多分、手書きの物をタイプにしたとき書き間違えたのでしょうが、区役所は自分の誤りは認めません。どうでもいいようなことですが、こんな事はざらなのでしょう。

子供の頃には、私にもなりたいものがなかったわけではありませんでしたが、結局、これで将来は運命付けられてしまいました。反抗も出来ませんでした。それでも成りたい職業もあり、口にしたこともありますが、他人《ひと》に大笑いされてしまい、以後、言うのをやめました。しかし、今になれば、歩んできた道はそれで良かったと思えます。

こんな育ちですから、私が宗教家などと紹介されることがあります。経歴からそう思われても仕方ありませんが、いわゆる、生臭坊主でしかありません。

特別心配することが無くなった

今、ふり返ってみますと実に色々なことをして参りました。その時々にしなければならないことが何かと沢山ありそれを何とか済ませて参りました。こういうしなければならないことがある内はやっぱり今のような心境には成りませんでした。それが、名古屋大学を二〇〇四年に退官し、二〇一三年には第二の職場、愛知学院大学を大過なくそして大果もなく退職し、まる五年経ち、今六年目の半分くらいになっております。

退職前に考えていた研究計画は退職一年前から参加していた科研に関わる研究に精力の大半を割き、結果的に喜寿を期して刊行を計画していた事は夢と消え、以後も科研での研究の後を引き継ぎました。その結果を、二〇一五年三月七日に、台湾大學で開催した語彙研究会の特別大会で「国立国語研究所『分類語彙表』元版と新版のコード比較」と題して発表しました（「『分類語彙表』元版と新版のコードの比較（中間報告）」『語彙研究』十二号、二〇一五・三）。その後も、実はその続きで、此処でお話ししても面白くないことで嫌われそうなのですが、その『分類語彙表』二〇〇四にあるサ変動詞一万語強に、私どもの開発した「語素コード」（「比較語彙研究の概要とその実例―方法・対象と基盤の整備―」『語彙研究の可能性』一九九七）なるものを付けております。もう三年にもなりますのに、未だに完成せず、現在ほぼ八割強、今年中に何とかと思っておりますが、中々思うようには参りません。これが済んだら、既に同じ作業を終えてある『正法眼蔵』のサ変動詞のそれと比較語彙論的に検討し、大学院時代から五十年以上継続してきた『正法眼蔵』のサ変動詞研究（この最初は「正法眼蔵の語法―サ変動詞についての序説―」『宗学研究十号』駒沢大学一九六八で、最新のものは「正法眼蔵のサ変動詞―分析その二―」『愛知学院大学禅研究所紀要三九』二〇一一で、以後が未だ続いておりません）の締めくくりにしたいと考えております。こんな事をほそぼそとやっているくらいです。つまり、研究自体は生活のほんの一部分になってしまっております。では他に何をやっているのか。

勤めは全部無くなって、寺の仕事も僅かですから、本来ならば暇をもてあますほどの生活になっていてもおかしくはありませんが、それがそうでもなく、割合忙しくしております。ただ、先に申しておかないと言い忘れそうなので申しますと、最近と申しますか、もう少し前から、こんな事を言うと偉そうにそんなことよく言ったものだと言われそうで、余り大っぴらには言えないのですが、それでも申します。考えてみれば、もう私にはどうしてもしなければならないことはなくなった、公的にも私的に私には責任は無くなったと思います。つまりいつ死んでも一向困る人は居なくなったということであります。私が死んでも路頭に迷う人もいなければ、頼りを無くす人も居ないのであります。確かに、私が月参りに参ります檀家さんの中には私のお弔いを必ずしてくれと仰有る方はいらっしゃいますが、それは出来れば結構なことだと思いますが、私が今の寺の住職をしている内はともかく、跡取りも決まっていますので、私のどうしても果たさねばならないことではありません。こう思いますので、もう何もこの世にし残したことはない、何も心配せずあの世に行くことが出来ると思うのであります。もう寺の跡取りも決まっているし、子供も独立しましたし、もう、誰も困らないのです。強いて言えば、私を顎でこき使う家内が多少困るかも知れませんが、それは仕方なかろうと思っております。研究面のことは、出来るだけやるというほか有りません。これは無限ですから。

こんな事を申しますのは、この二十年近くの家族との多くの別れがあったからかも知れません。

身のまわりの弔事

実は私は子供の頃、余り近親者の死に遭ったことが有りませんでした。今の寺に跡取り養子として貰われてきたのが小学校六年の時でしたが、その四年後の高校一年の時、今、寺で中興開基としてお祀りしている方が亡くなりました。未だ、戦後色濃厚な頃、真夏の盆前の一日でした。もう、肉親という人はない方で、私と養父母との四人暮らしでした。生計をともにした人との最初の別れでした。以前の写真で見ると、立派な、女性ながら威厳のある方でしたが、私の知っている亡くなる前の頃にはその面影はありませんでした。歳で言えば、今の私と殆ど同じくらいでした。一緒に過ごしたのは短期間でしたが言いようのない寂しさを感じました。

それから十年少し経って、私より二歳年下の弟が、名古屋に新しくできた愛知学院大学歯学部を第一回生として卒業して歯科医師として働き始めた年、後輩達の国家試験の世話で奔走し、余程疲労困憊していたのでしょう、下宿先で心筋梗塞を発症し、聞いて直ぐ駆け付けましたが、あっけなく亡くなってしまいました。未だ二十五歳でした。父の落胆ぶりは言いようもありませんでした。葬儀の朝、部屋で号泣しているのを見ました。今思い出しても、鼻の奥の方がむずがゆくなります。私には後悔することがありました。亡くなる五日前の宵の口に、私の寺の西隣が大変な火事でした。幸い寺は消防のホースであちこちが傷んだだけで延焼は免れましたが、その西隣の大きな家は半分以上焼けてしまいました。その夜、今考えれば余分なことをしたなと悔やむのですが、その火事のことを弟に知らせてしまいました。疲れていただろうに見舞いに駆け付けてくれました。翌日父も見舞いに来てくれ、弟の窶《やつ》れた様子を見て心配していましたが、生きて会う最後でした。

その父も、寺の位牌堂の改築の心労とオイルショックの所為で費用が高騰し金策に疲れた結果もあろうと思いますが、一九七五年落慶法要を何とか済ませはしましたが、疲労が重なったからだったと、今からは思うのですが、その夏休みの直前、入院の知らせを受けて常滑市民病院に見舞いました。その折は何ともない様子でしたが、何か自覚症状があったのでしょう、とにかく、夏休みゆっくり休んでまた元気になると言っていました。ところが、その翌日、突然の昏睡状態、異変を感じて入院したのに、何の手立ても講じられないままでした。今だったら、恐らく訴訟を起こされても仕方ない有様でした。僅か一週間の昏睡状態で、まだ六十六歳で遷化してしまいました。大雨の降る日でした。

私は、結婚後長らく子宝に恵まれませんでした。外野では元々子に恵まれぬ系列の人達だなどとも言われていたようです。幸い七年後に長女に恵まれ、更に翌年暮れには長男が生まれました。名古屋大学に着任したのは一九七八年でしたが、その年に次男が生後僅か二週間で亡くなってしまいました。詳しい死因は解剖しなかったのではっきりはしませんが、どうも肺動脈と静脈が逆についていたようでした。

その後、三男四男を恵まれました。

多事多端

ところが、三男は、今年も話題になっている風疹症候群を持って生まれました。産婦人科医の薦めで出産を一旦は諦めましたが、それを告げに言ったところ、一転、生むように勧められ、我々は医師の言うままでした。生まれたときも弱々しく帰宅してからも、抱くのも恐る恐るでした。成長も遅く、一年経っても立てず、はっきり覚えはありませんが、歩けたのは殆ど二歳になってからだったと思います。十指に余る障害を抱えていました。大きな手術の初めは心臓でした。穴を塞ぐ手術であったと思います。上手くいかないことの有ることを主治医に前もって宣告されました。幸い手術は成功しました。その時の麻酔医が大学の時の陸上競技部の先輩でした。ただ、予後は中々一筋縄ではいかず、一進一退、その間に病院の多くの患者と仲良くなりました。余り仲良く成りすぎ、いろんな所に勝手に出入りするので、当時の看護婦長（今は看護師長というのでしょうか）に、他の人の病気が移るといけないと大目玉を食らいました。家内は四男が未だ小さいので私が付き添いましたが、それも婦長には意外なことで、不満のようでしたが、これぱっかりは仕方有りません。付き添いにベッドはないので床に段ボールを敷いて寝ました。二月の雪の夜、窓の外の景色が美しかったのを覚えています。それにしても七十日を越える入院、よく付き添い出来たものだと思います。どう考えても不思議なくらいです。こういう事がもう一回その一年後だったか二年後だったかに有りました。その時は眼瞼下垂《がんけんかすい》を治す手術でした。これは豊明《とよあけ》の藤田保健衛生大学病院で、当時は自宅から随分不便でした。この時も七十日間、幼稚園に行くことになっていたので、間に合うかどうか、やきもきしました。この時、同室だった子供の歯が酷い状態だったことを思い出し、他人事ながらその後どうなったか心配しています。

その後もあちこちの手術で入退院を繰り返しながら小学校に入りましたが、いわゆる多動性ということで、暫くするとクラスの子達と引き離されてしまいました。その後先生に恵まれて、陽気に楽しく小学校時代を過ごすことが出来ました。その頃が、この子（ヒデ君と言いました）の黄金時代でした。今も思い出すことに、その先生が夏の暑い最中、外で何かをなさっているのを見かけ、「先生、体に気をつけて下さいね」と言ったと先生から聞いて笑ったものです。

我々はヒデ君と称していましたが、中学に入ると俄然生気を失い、てっきり思春期の始まりかと思っていたのですが、弟と同じ病気ALDが遅れて発症していたのでした。養護学級に入れて貰っていて、担任の小川先生には大変世話になりました。中学はどうやら卒業だけは出来ましたが、卒業前に寝たきりになっていました。そして、心臓に欠陥があった所為《せい》か、先に発病していた弟より先に十八歳で旅立ちました。大変な一生だったと感慨深くふり返っています。今、私が精神障害者授産施設ラ・エールの理事長をさせていただいているのは、その施設を、お勤めの中学校を定年後、私財をなげうって設立なさった小川博司先生への恩返しのつもりであります（「逆縁をバネにして」『まほろば』七〇号二〇一〇）。ついでながら、この小川先生、今年一月初めにお亡くなり、その後「偲ぶ会」でその思い出と感謝の言葉を述べました。

話の成り行きとしては後先になりましたが、四男は丈夫に成長したのですが、小学校三年になった途端に、泡を吹いて痙攣発作を起こしました。私は丁度、名古屋大学国際開発研究科の何かの委員会に出席最中でしたが、電話が入りました。帰りに国立病院に寄って様子を聞きましたが、余り要領を得ませんでした。しかし、容易ならぬ病気のようでした。またまた、私が付き添いすることになりました。完全看護の建前で付き添いのベッドはありません。やはり、段ボールです。看病しながら付添人のすることはほとんど何もないので、色々な仕事をしました。夜も手許だけを照明して勉強が出来ました。昼は、病人との散歩が日課でしたが、段々嫌がるようになり、途中でテコでも動かないといったふうにかたまってしまったりして、どんどん体重だけは増えていたので負ぶって帰るのも大変でした。半年ほどの入院中、色々なことがありましたが、割愛します。帰宅すると間もなく、耳が聞こえていないことに気がつきました。出かけるときポットに飲み物を入れて持っていきましたが、その頃、そのポットを魔法瓶と呼んでしました。それを病人（マア君と言います）は「マホンチ」などと言うのです。変だなと思い、段々耳が聞こえなくなっていることを知ったのでした。それからは崖を転げ落ちるように悪くなり、寝たきりになってしまいました。何回もの入退院、夜中に救急車で運ばれたことも数えきれません。

九十三年四月に発病、二〇〇八年年末に息を引き取りました。寝たきりの方が長い一生でした。この二〇〇八年春には、枕を並べて寝ていた長男が長逝していました。一年に二人に別れなければ成りませんでした。

この間にはいろんな民間療法に誘われ、わけ分からずに高い料金を取られたりもしました。新興宗教まがいの所にも行きました。勧められれば藁をも掴む思いでした。それとは別に、こういう寝たきり状態の子供達を世話してくれる色々な施設の世話にもなりました。こういう方々には感謝しきれません（「結縁」『まほろば』未刊）。

長男の思い出

三男が風疹症候群を持って生まれ、虚弱だったほかは、生後すぐ亡くなった次男も医師にこんな症状では大抵は二、三日しか生きていないのが普通なのに、よく三週間近く持ったねと言われましたように、体そのものは丈夫に出来ていたのだろうと思います。四男も三男より先に発病しながら十五年以上生きました。長男のことは余り詳しく覚えていないのですが、九十五年に自ら発心して四国新居浜の瑞應寺に安居しました。彼も体だけは頑健でした。今までの乱れた生活に自分も飽きたのかも知れません。それまでは何をやっていたか、私にも詳しくは分かりません。とんでもない人達と付き合っていたこともあったようですが、真相は不明です。自分でもそれに区切りを付けたかったのかも知れません。丁度二十歳の時でした。私は、四国新居浜の瑞應寺さんまで送っていき、入堂できたのを確かめて帰りました。その後、機会を見つけては何回も瑞應寺様へはお伺いいたしました。お世話賜った堂長老師、役僚さん、同安居《どうあんご》の方々には感謝の気持ちで一杯です。

安居して丁度一年経つ頃、もう我慢できない、逃げ出すと電話をしてきましたのには、来るべきものがという暗澹たる気持ち、私はその翌日、脳梗塞の前兆、一過性の脳血管虚血発作を起こしてしまいました。丁度九十九年に出た『法華経為字和訓の研究』（風間書房）の出版助成の申請に取りかかろうとしていた時でした。幸い足かけ三日の入院で済みましたが、その後何回も発作があり、血液をかたまりにくくする薬を数年は呑みました。現在は事なきを得ております。

また脇に逸れました。長男芳典《ほうてん》もその後は落ち着いて安居生活を続け、みんなから可愛がられたようで、私もホッとしておりました。ただ、彼にも他の二人同様の病魔が住み着いていていました。発症が遅かっただけです。安居生活中、転倒して大けがをしたり、随分皆さんに迷惑を掛けてしまいました。三男と四男は事の次第も弁えぬうちに病が進んでしまいましたが、その様子を目の当たりにしていた長男芳典は自分も同じ病気かと戦々恐々の毎日だったかと思うと本当に可哀想でした。思い出すと目が潤んできます。乱れた生活もその鬱憤晴らしだったと言う方もいらっしゃいます。反論するつもりはありません。尤も、時期的には全然つじつまが合わないのですが、済んでしまったこと、あらがっても仕方有りません。私の唯一の慰みは、瑞應寺で仏様に仕える生活をキチンと送ることが出来る日があったことだけであります。彼も二〇〇八年三月八日、短い生涯を閉じました。こんな思いを「忍性芳典行録」として綴っておきました（『まほろば六十九号』二〇〇九）。

私の生活と健康状態

私は大学に入ってから、それまで特に運動と名付けられる事をしていませんでしたので何かの運動クラブに入りたいと思っていました。特技など何もない一介の学生、入学式の日などにはそれでも色々勧誘がありましたが、こういう事をしたいというものが見つかりません。私の悪い癖で、大学の学部を選ぶに就いても、その後学部に進学後のゼミを選ぶにしても色々話を聞いても自分に求めるものがはっきりしないので中々決められず、学部進学後のゼミ決定も教養部四期生の時、国文学の松村博司先生が強く進学をお勧め下さったお陰で国文学講座に所属でき、そこで国語学を学ぶことが出来たという次第です。当時名古屋城二の丸にあった国文研究室は思い出深いところです。運動クラブは、球技は得意でないので入るつもりもありませんでした。そして特に勧められることもなく、陸上競技部に入りました。毎日のようにかなりの距離を走りました。いつの間にか中長距離の競技、駅伝などに向かっていました。泳ぐことも好きでしたが、今では考えられないことかも知れませんが、大学に入るまでプールで泳いだこともありませんでした。後年、三十五歳になって愛知県体育館のプールで泳いだのが最初でした。

大学院進学後も、就職後も時として、東山の一万歩コースなどを走っていました。そして、プールで泳ぐようになってからは、時々、大学のプールが開放されたりすると、行って一〇〇〇メートルくらい泳ぐ事がその頃の僅かな運動と言えるものでした。

一九七八年、名古屋大学文学部に新設された国語学講座の助教授として招聘されて着任しました。長らく助教授一人の半人前の講座でした。それでも国語学を専攻する学生も段々増えてきました。当時、教員のノルマなどはっきりしたものはありませんでした。卒業に必要な単位を満たせなくては申し訳ないので、私は多分二人分くらいのコマをこなしていました。後に、教授会などで、負担がどうのこうのと喧しく議論されたことがありますが、何を脳天気なことを言っているのかと呆れておりました。私は、そのコマ数の多さなど少しも気になりませんでした。

何回もいろんな制度改革があり、厳しく採用が制限されていた大学院生なども取れるだけ取ればいいというような方針になり、本来は一人の定員に、多いときは七名ということすら有りました。それに、留学生が、九十五年頃からは段々増えてきました。そうすると、博士学位を授与することに関して議論され、それまで、特に文学部のように博士学位を出し渋っていたような所も、課程博士を出すことが至上命令のようになって参りました。

私の講座は、その性格上留学生が多く来ました。生活面と研究面両方の世話をしなければなりませんでした。勿論、放置された方もいらっしゃいますが、私はそういうことは出来ず、かなり親身に付き合いました。その総仕上げが学位を取得させることでした。文系学部では中々学位取得が進みませんでしたが、私は、退職までに、主査副査含めて六十八名の学位取得者を出すことが出来、この改革に当たった委員会の責任者としても一応の責任は果たせたと思っております。

ただ、こんな事をしている内に、体の健康は健康診断は受けて、それで何と言うことも有りませんでしたが、確実に蝕まれておりました。

当時、体重は今より軽かったのですが、胴回りは九十五cm、当時のズボンを今はくとげんこつを二つ入れても余ります。持病の肩こりは何とも言いようのないひどさ、四男の発病以来、それまで時には泳いでいたのも泳いでいる最中に、色々考え事をしてしまい、それに耐えられず、辞めてしまっていました。

そうこうしているうちに、車から降りた途端にくずおれて立ち上がれなかったり、廊下でうずくまったりというようなことも経験し、挙げ句の果てに九十六年二月脳梗塞の一過性の発作、それより前、昭和天皇がお患いになっていた頃、私も居ても立ってもいられない疲れを感じ、医者に診て貰ったところ、アミラーゼの値が随分高く、膵臓が危ないと言われました。手当のしようはないから、酒を飲んでいるなら止めよとだけ言われました。幸い、二ヶ月間断酒した結果症状も取れ、アミラーゼの値も正常に復しました。当時の学部長、学部内で連続で膵臓関係の病気で教官二人が亡くなっていましたので、私に対して、病気にもトレンドがあるんですなぁと仰有った事を覚えています。その後、その学部長ご自身膵臓の病気で亡くなってしまわれたことは残念なことでございました。

私の転機

そんな状態の私、六十歳の年に転機が訪れました。近くに空手道場がオープンするということです。オープン前にそこを訪ね、何ともいたたまれなくなっていた肩こりなどの解消に、空手がいいかどうか聞きに行きました。いいと思うから来いということで、空手の力の字も知らない私はオープン前に特訓を受けました。その間の出来事として二〇〇〇年九月十一日の東海豪雨に纏わることどもがありますが、時間の都合で割愛いたします。三年ほど通いました。その師範には信服できないものがありましたが、最高師範として毎週一回来られた倉本成春さんには整体と共に色々教えを受けました。中でも、血圧が高いからと言って勧められたウォーキングにより、血圧は正常化し、メタボ体質は劇的に改善し、それ以来もう十八年も続けている首の運動のお陰で、相撲で頭から落ちても何ともなく過ごしてこられました。

実は、名大相撲部の後援会長でもあられる加藤延夫先生には、私が相撲を取っていることをご存じで「田島さん、手や足の骨折くらいなら治るからいいが、首の骨折ったら、ヨイヨイだよ」と言われたときにも、毎晩首の運動をしていることを申し上げました。ご納得いただいたかどうかは知りませんが、今まで無事でおります。

また、前後しますが、実は六十三歳の年から、初めて本格的に相撲を始めました。当時普及してきたインターネットのお陰で当地方でもアマチュア相撲クラブ名城クラブというところがあることが分かり、入会させて貰いました。この経緯等も述べたことがありますので、今は割愛いたします（『相撲』二〇一六・八）が、まさに先に述べた幼年期の希望を今果たしていることになっていることに気づきます。

この間、自動車通勤から、電車通勤に変え、更に自転車通勤に変えました。電車でも三十分、電車ではもう少し、自転車なら二十五分くらいでした。この翌年の名大退職後、愛知学院大学に奉職しましたが、距離は倍近くなりました。やはり、自転車通勤を貫きました。往復ほぼ三十五キロ、ほぼ五十分前後で行き帰りしました。時には車より速かったと思います。

この愛知学院大学も二〇一三年三月いっぱいで退職、その後は完全に閑人になりました。今もその延長ですが、決まってしなければならない仕事は特にないのですが、それでもボサッとしているヒマは殆どありません。

と言いますのは、退職後直ぐから近くのトレーニングジムIlex《アイレックス》に通い始めました。最初は週四、明くる年から、RIZAPにも行き始め、それを含めてやはり週四か五、日曜日には相撲の稽古と年寄りの冷や水を地でいっているからであります。今は、約束のない状態だとサボリ勝ちになるので、パーソナルレッスンの形で週三で通っています。細かく言えば色々ありますが、大雑把にこんな事をしています。

お負けに、先ほど述べた『相撲』の記事の縁で、大分のレスラーに試合を申し込まれ、レスリングのレの字も知らない私が、根が格闘技好きなので、断りもせず交流を続けています。驚くべきことに、ほぼ毎月大分から来名され、二時間ほど練習、その後一杯ということが二〇一六年の九月以来続いております。

こんな有様で忙しいのであります。勉強はちっとも出来ません。研究に割く時間はひょっとすると五％くらいかも知れません。

更にこのレスラーに唆《そそのか》されて今年は去る一月二十一日、東京の国立オリンピック記念青少年総合センターで開催された「全日本マスターズレスリング大会」に参加しました。このことも、言いだすと長くなりますが、結論だけ言えばあっさりと負けました。あの雰囲気に浸れただけが収穫でした。

他にも、未だ二〇一四年からのことですが、富山県高岡市の伏木《ふしき》での相撲大会に参加しています。伏木に縁のある者だけが参加できる大会ですが、特に縁を結んで仲間に入れて貰っております。今年は五年目、せめて今年まではと思って頑張りました。三番取るのですが、去年優勝した人と、今年優勝した人に合わされました。勝てるはずがありません。こんな方と組み合わせていただき光栄に思っております。何とか一勝はしたいと思いましたが。あと一戦も若く大きな人、それでも粘って何とか勝てました。今年の優勝者は、中学二年生、十四歳、それと、七十八歳の私を取り組ませ、年の差六十四歳の対決と受けを狙った取り組みだったようです。

こんな脳天気なことをしております。最前も申しましたように、もう、どうしてもしなければならないことなど無くなったように思います。勿論、研究に関しては無限で、これは出来るだけをやればいいと思います。どうしてもこれだけはなどとは考えないことにしています。

よく、世間ではお金のことを心配する方が多いようです。テレビのコマーシャルでも、この保険に入っておけば後にも残せるし、などと言っていますが、何故残さなければならないのか、私には分かりません。勿論残された者に迷惑にならない程度、いわゆる葬式費用くらいは必要かも知れませんが、その程度のことはそんな大したことではありません。この年になれば、特に欲しい物もなくなりましたし、行きたいところもないし、これは私だけなのかも知れませんが、特に食べたい物も、見たい映画や芝居も何もありません。競馬や競輪、宝くじ・パチンコなどといった博打と言うと叱られるかも知れませんが、金儲けにも興味が全然有りません。言わば夢も希望もないといった塩梅です。体を動かすことや、手紙や文章を書くことがもっぱらの仕事です。

ただ、この講演のように、約束したことだけはしなければならないと思っておりますが、他には、もう、ほんとに何かできるならば、むしろ望外の幸せであります。

こんな風に思って一日一日を過ごしております。

もう一つだけ余分な憎まれ口を付け加えさせていただきます。月参りに行くお宅に、私より二、三歳上のお婆さんが、膝が痛い、足が痛い、腰が痛いなどと言って整形外科に通っています。いつもその話を聞かされます。お医者さんの悪口や、不親切だなどと愚痴ります。その実、背筋も伸びて年よりは若く見えます。なのに、ちっとも治してくれないだの、余所から来ているお医者さんだから親切心が無く、いい加減だなどと言います。それで私は聞くに堪えかねて、「そんな信用できないお医者さんに頼っても駄目だよ、第一、あなたの身体はもう何年使っているの？　若いときと同じようにして欲しいと言ったってどだい無理ですよ、老化現象だと言われれば腹が立つかも知れないけれども、自然の成り行きなんだから、ああそうか、と思ってそれを受け入れるのがいいのではないですか。」などと下手な説法をしております。私自身、心底そう思っております。

最近言われるように、人生仮に百年としても既に第四クオーターを曲がりきった私など、間違っているかも知れませんが、目が疎くなっても、歩くのが遅くなっても、急げば息切れがしても、若い人の言うことが分からなくなっても、そういうものだとあるがままを受け入れて、気楽に、成るべく人には迷惑掛けないように、やりたいことをしております。これが、私の勝手な思い、成るべく介護も受けずに、終末に向かいたい思いであります。

どうも有り難うございました。

大幸セミナー講演会
二〇一八・十一・三
愛知学院大学名城キャンパス明倫ホール

あとがき

右文書院の三武社長からの要請で、未熟ながら曹洞教会「修証義」の口語訳を試みました。出来るだけ原文に忠実な現代語訳を志しましたが、まだまだ十分だとは思えません。しかしどれだけ推敲すればいいか、簡単ではないと思われますので、不十分とは思いながら公刊を決意しました。さらなる彫琢を加えなければと思っておりますので、御意見を頂ければ幸甚に存じます。

付録みたいな「死に向き合う私の心得」は平成三十年十一月三日、愛知学院大学名城キャンパス明倫館を会場に大幸セミナーの講演会で、「人生を終えるに当たって―死に向き合う私の心得―」と題して講演させて貰ったものの原稿であります。その折の資料には、若干の挿絵等がありましたが、今回は挿絵は違和感がありますので、割愛いたしました。この中にも申しておりますように、これは私個人の、そして、徹底的に私個人の心得でありますので、皆様方に参考にして欲しいというような代物ではありません。せいぜいそんなことを考えている人間もいるか程度に思っていただければ十分であります。逆に反発などお持ちの方も当然いらっしゃると思いますが、「それもあり」であります。

この出版はあくまで、三武社長のイニシアチブに依る物で、こういう物が出来上がったのも社長の熱意によることを付け加えて「あとがき」と致します。

田島毓堂合掌

平成三十一年三月二十五日

田島毓堂（たじま・いくどう）

1940年5月5日、中国北京市で生まれた。1968年3月名古屋大学大学院文学研究科単位取得退学。同4月東海学園女子短期大学専任講師、助教授、教授を経て、1978年4月名古屋大学文学部助教授、87年6月同教授（国語学講座）、88年4月から日本言語文化専攻を、92年4月から国際開発研究科を兼任、2004年3月定年退官。同4月から、愛知学院大学文学部・文学研究科教授、2013年3月退職。名古屋大学名誉教授。2003年8月から、社会福祉法人ラ・エール理事長。同9月から、語彙研究会代表。73年3月、『正法眼蔵の国語学的研究』により、文学博士の学位取得。桂芳院住職。

主要著書『正法眼蔵の国語学的研究　研究編』（77・笠間書院）・『同資料編』（78・笠間書院）・『法華経為字和訓の研究』（99・風間書房）・『比較語彙研究序説』（99・笠間書院）、主要編著『日本語論究』1～7（92～2003・和泉書院）・『語彙研究の課題』（2004. 3・和泉書院－名古屋大学退官記念）・『日本語学最前線』（2010. 5・和泉書院－古稀記念）『比較語彙研究の試み』1～16（97～2013･名古屋大学大学院国際開発研究科･語彙研究会）、『磨言－芳冊《ほうさつ》』（2004・右文書院）、『磨言－淳冊《じゅんさつ》』（2005・右文書院）、『磨言－敦冊《とんさつ》』（2006・右文書院）、『磨言－志冊《しさつ》』（2016・右文書院）『磨言－則冊《そくさつ》』（2017・右文書院）。

修証義口語訳　**死に向き合う私の心得**

2019年４月20日印刷／2019年５月１日発行

著　者：田島毓堂
装　幀：鬼武健太郎
発行者：三武義彦
発行所：株式会社右文書院
東京都千代田区神田駿河台1-5-6／郵便番号101-0062
Tel.03-3292-0460　Fax.03-3292-0424
http://www.yubun-shoin.co.jp/
印刷・製本：株式会社文化印刷

＊落丁・乱丁本はお取り替えいたします。

ISBN978-4-8421-0802-5 C0015

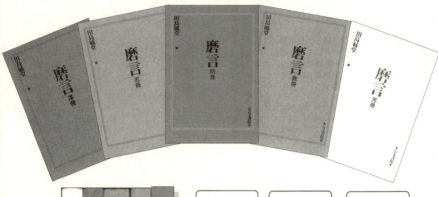